Vi&VEREi

INSPIRAÇÃO DE BOLSO PARA UMA CURTIDA EXISTENCIAL

Copyright © 2023 de Bert Jr.
Todos os direitos desta edição reservados à Editora Labrador.

Coordenação editorial
Pamela Oliveira

Revisão
Lívia Lisbôa

Assistência editorial
Leticia Oliveira

Projeto gráfico, diagramação e capa
Amanda Chagas

Preparação de texto
Jaqueline Corrêa

Dados Internacionais de Catalogação na Publicação (CIP)
Jéssica de Oliveira Molinari - CRB-8/9852

Bert Jr.
   vi&verei: inspiração de bolso para uma curtida existencial / Bert Jr. — São Paulo : Labrador, 2023.
   112 p.

ISBN 978-65-5625-378-7

1. Poesia brasileira I. Título

23-3937   CDD B869.1

Índice para catálogo sistemático:
1. Poesia brasileira

Editora Labrador
Diretor editorial: Daniel Pinsky
Rua Dr. José Elias, 520 — Alto da Lapa
05083-030 — São Paulo/SP
+55 (11) 3641-7446
contato@editoralabrador.com.br
www.editoralabrador.com.br
facebook.com/editoralabrador
instagram.com/editoralabrador

A reprodução de qualquer parte desta obra é ilegal e configura uma apropriação indevida dos direitos intelectuais e patrimoniais do autor.

A Editora não é responsável pelo conteúdo deste livro.
Esta é uma obra de poesia. Apenas o autor pode ser responsabilizado pelos juízos emitidos.

*À minha irmã Ceres,
testemunha de nascimento
e renascimentos.*

Sumário

A B C — 9	Desmanche — 33
Abertura — 10	Despojo — 34
Agenda — 11	Destino — 35
Aniversário — 12	DF — 37
Anticlímax — 13	Dica 1 — 38
Ascensorial — 14	Dica 2 — 39
Atitude — 15	Dísticos — 40
Aviso — 16	Distração — 41
Axiomas — 17	Dom — 42
Balanço — 18	Efeito — 44
Bênção — 19	Elementos — 45
Bio lógica — 20	ÁGUA — 45
Cantada de bar — 21	AR — 46
Cartográfica — 22	FOGO — 47
Condicional — 23	TERRA — 48
Consciência — 24	Elfa — 49
Convite — 25	Envelhecer — 50
Coragem — 26	Equilíbrio — 51
Cotidiano — 27	Estilo — 52
Criatividade — 28	Favor — 54
Cruz — 29	Fé — 55
Da forma — 30	Felicidade — 56
Desculpa — 31	Gráfico — 57
Desejo — 32	Gratidão — 58
	Halloween — 59

In loco	60		Preces 5	85
Incoerente	61		Queros	86
Invento	62		Reencontro	87
Jardinando	63		Rega	88
Lição	64		Reino	89
Matinal	65		Réveillon	90
Merecidas	66		Revelação	91
Minas	67		Rima	92
Mistério	68		Rito	93
Natalina	69		S.O.S.	94
Nihilrótica	71		Segredo	95
Oftálmica	72		Sensitiva	96
Pane	73		Sobrevida	97
Parentesco	74		Sou	98
Parquinho poético	75		Sumo	99
Passarada	76		Surpresa	100
Pássaro	77		Tesouro	102
Pet	78		Única	103
Plural	79		Verso	104
Prato do dia	80		Viajante 1	105
Preces 1	81		Viajante 2	106
Preces 2	82		Visita	107
Preces 3	83		Voto	108
Preces 4	84		Zen	109

*As lágrimas sabem,
simultaneamente, a açúcar e a sal,
servindo tanto à alegria quanto à tristeza.*

A B C

Não me peças
para derramar-me em prosa
lê-me no verso
como no perfume a rosa
e
no agora
a eternidade.

Abertura

Tentando
abrir portas
acabei por ressignificar
janelas.

Agenda

O dia
de amanhã chegará
animado com novidades.
Lembrarei de ser
uma delas.

Aniversário

Os afetos
de fato
não envelhecem:
fazem *update*.

Anticlímax

Ah...
a vida
esse presente grego.
No auge da festa
uma chuva de flechas
na praça.

Ascensorial

céus
entregar aos
para os frutos seus
erguendo-se do deserto
feito planta
do teu sorriso
pelos degraus
subo

Atitude

Como
teus olhos
os últimos doces da festa
e cá estou
de penetra.

Aviso

Sempre que
encaramos o invisível
damos ouvidos ao indizível
voz ao silêncio
atenção!
Estamos em território poético.

Axiomas

Estar é circunstância.
Ser é essência.

Estar é fazer parte.
Ser é totalidade.

Estar é atarefar-se.
Ser é realizar-se.

Estar é contexto.
Ser é texto.

Estar é prosear.
Ser é poetizar.

Balanço

Não penso em tudo
nem falo tudo que penso.
Viver sendo eu mesmo
requer um tempo e um espaço
que não são públicos.
Mas que ninguém se aborreça.
Vez ou outra
eu abro
para balanço.

Bênção

Nem só
de sutileza
se faz a beleza.
Nem clama a alma
só por delicadeza.
Mas o sutil e o delicado
lutam sempre por nós
de sua intangível
fortaleza.

Bio lógica

Tu
meu sol.
Eu
girassol.

Cantada de bar

A gente podia
fazer mais sentido: mal nos ouvimos
com tanto ruído
em meio a teorias sobre a realidade
embriagados só até a metade
e ainda por cima
vestidos!

Cartográfica

Longe
é a medida usada
para traçar os mapas
da indiferença.

Condicional

Se
sós
quisermos
juntos
luz de quilates
em olhares rútilos
silêncio lavrando
falares tímidos
das moedas o verso
no poço dos tímpanos
então
aí
embevecidamantes.

Consciência

Brusca
interrompe-
me a
busca
se me
meto a
ser mimético
e não ético
comigo mesmo.

Convite

Livros
são portas que abrem
para o pátio da alma
convidando a conhecer
íntimas paisagens.

Coragem

O primeiro amor passou.
O segundo amor passou.
No terceiro, resolvi ir junto.

Cotidiano

O dia vem vindo sem pressa
nem alarde
como quem nunca
chega tarde
e por mais que portas e cortinas
cerradas se mantenham
a claridade se intromete
trazendo
a uns, alento
a outros, tormento.

Criatividade

Acontece de me desligar
do curso programático dos segundos
mas isso não me faz surpreso
e sim o que disso surge.

Cruz

Por mais
que a sinta tatuada
ou marcada a ferro no peito
ou na espádua
a cruz me confessa
somente tratar-se de empréstimo
e pede que a ela
não me apegue
além do que leva
até que eu
renasça.

Da forma

Olho no olho
é como se assinam
os contratos inestimáveis.

Desculpa

Quisera dizer algo sóbrio
que traduzisse o mundo

por ora
sorvo o indizível
no brinde da vida

absinto muito.

Desejo

Se eu pudesse ser outro
seria uma pomba
à tua janela
e ali ficaria...

(até ser impossível
não me perdoares).

Desmanche

Armar o concreto
condição para erguer cidades
do contrário
tombariam por terra as janelas do
mundo
esfacelando junto nossas miragens

nas bordas
exposto
o gume de cada
pedaço irremediável.

Despojo

A flor
pelo vento
despetalada
inspira
a não florear nada

A pétala
que adeja
rodopiante
é semente alada
de poéticos instantes.

Destino

Ainda nem
existias
e já palmilhavas em mim
a emoção

O rumorejar dos teus passos
fazia
espantar o tédio
de vigílias sem fim

Aquilo que não se podia
nutriu nossa expectativa
grão de sal
em receita insípida

Um mútuo farejar
tornou inócuos
mapas meticulosos
sinas adivinhadas

Um destemido pulso
ofertou-se
ao que talvez fosse
de outro modo

A mais linda afronta
em pronúncia delicada
foi mensagem que plantamos

e indelével segue
tatuada
na musculatura do querer.

DF

Em que céu
um avião viraria
pássaro
ovni
estrela
de modo tão verossímil
senão em Brasília?

Dica 1

Canta
destrava o nó da garganta
e a noite em teu peito
entalada
terá enfim lua cheia.

Dica 2

Toma
do corpo
o copo de orvalho
e faz teu sonho mentor
do dia em ti entranhado.

Dísticos

O poder realiza coisas.
O amor realiza pessoas.

O poder constrói obras.
O amor constrói vidas.

O poder seduz as mentes.
O amor seduz as almas.

O poder eleva a voz.
O amor eleva o espírito.

O poder gera fatos.
O amor gera frutos.

O poder sobe à cabeça.
O amor reside no coração.

Distração

Dando-se ouvidos
ao mundo
chega-se longe de tudo
que importa.

Dom

A busca
por nova e melhor versão
é o que acende a fênix
no coração.

*

Tem sempre algo
que impede o nada
de ser tudo.

Efeito

Tua ausência
do meu universo
nem tudo apagaria
mas sim
o verso.

Elementos

ÁGUA

A luz somente
sabe lamber-te
e deixar em tua pele enfeite
isca cintilante
fugaz
com o efeito de arrastar
olhares em lombo eriçado
enquanto
na terra salivas
o teu espumante
brinde.

AR

Diálogo contigo é voo
metáfora revigorante
de devires
lençol envolvendo corpos
em transparências
sutil presença no âmago
e fôlego
para o sonho
quando este inventa
asas.

FOGO

Como te invejo
constelações faiscantes
baile hipnótico no ar noturno
língua escaldante sobre a terra fria
e
nesta
então
uma só gota basta
para que o pinhão germine.

TERRA

Uma de tuas mãos
desfaz uma joia única
o colar se rompe e as partes
se repartem pela escadaria
descendo até os sumidouros
nos meandros do subsolo

enquanto uma outra mão
destra em operar maravilhas
desentranha a pepita e cose
com fibra verdejante
nova peça para o acervo
da interminável partilha.

Elfa

Emerge
inopinada
de uma fenda
na fantasia
trazendo nada nas mãos
e no coração melodia.

Envelhecer

Luta
por estar em tempo
de viver
diferentes tempos.

Equilíbrio

Grandes objetivos
só trazem felicidade
se capazes de conviver
com pequenos prazeres.

Estilo

O complexo exige esforço
algum sacrifício
e sofrimento
mas tem suas recompensas
enquanto o simples
entrega logo a recompensa.
Questão de estilo.

**

Poesia
é extrair do osso
metal precioso.

Favor

Boca
se ainda estás entreaberta
um favor:
          fiquem
teus lábios mornos
enquanto o beijo é apenas
uma promessa.

Fé

Teu vulto
aceso
pelo corredor da vida
vale mais que mil velas
rogando
por eternidade.

Felicidade

Felicidade é despertar
com um toque
uma voz
um beijo
sendo que bastaria
na penumbra do quarto
ouvir de leve tua respiração.

Gráfico

Sou o que
surge
e que flui
se insurge
e reflui
com ganas de
paz.

Gratidão

Vieste-me do longe-perto
onde a noite mais escura
tem a lua que mais brilha
e o dia dura o tempo
da vontade de cantar

Vieste-me do entremeio
pisando na maçaroca
de ilusões e devaneios
num desarrazoado terreno
impróprio para festejos

Vieste-me do estremunho
do olhar mais remelento
da cabeleira desgrenhada
do ninho que ninguém faria
ou ali buscaria alimento

Vieste-me assim mesmo
e desde então é que me vejo
não importa horário ou estação
a vestir-me e despir-me inteiro
para sempre grato e surpreso.

Halloween

Atrás
de cada evolução
nossa
um susto.

In loco

Teu lugar
é o que te cabe
somado
ao que a ele excedes.

Incoerente

Ajo
como quem
seu cupido ultraja
e ainda assim aguarda
pela flechada.

Invento

O novo
vem do intangível
do desaviso
de onde nem se cogita
existirmos.

Jardinando

Silêncio
é camada de solo fértil
para as sementes do espírito.

Lição

Na lousa
negro-azulada
a noite escreve
com giz de estrelas
a lição que ensina
a esquecer
o dia.

Matinal

Amanhecer
é vislumbrar sentidos
para a caminhada.

Merecidas

Quando a estupidez
estiver totalmente superada
a esperança poderá
enfim
sair de férias.

Minas

Leva de mim
essa pureza contrita
que a riqueza se garimpa
no ventre da montanha
na lama
na brita.

Mistério

Levo em mim
o que me falta

se o perdi
(a memória é fraca)
permanece perto
fruto originário
alheio ao gesto

Levo em mim
o que me farta

se transborda
é porque anseia
o pulso
no corpo inconsciente
da vida.

Natalina

Salve
nasceu menina
de nome Jesuína
a mãe trabalhou no parto
igual a nos outros dias
com fé que num deles surja
um pai para a sua filha

Salve
nasceu menina
de nome Jesuína
os reis não viram o fato
ocupados consigo mesmos
mas vizinhos trouxeram um prato
de arroz com feijão e torresmo

Salve
nasceu menina
de nome Jesuína
vem colorir a manhã
de um século que ainda inicia
vem colocar um sorriso
onde falta bem mais do que isso

Salve
nasceu menina
de nome Jesuína
os prodígios que ela fará
não se importam em adivinhar
exceto um mendigo cego
que mora na porta de um bar

Salve
nasceu menina
de nome Jesuína
prometendo que no futuro
o cego que a viu, verá
que irá cursar medicina
pois um milagre acontecerá

Salve
nasceu menina
de nome Jesuína
da esperança que ela se salve
com irmãos, primos e tias
e possamos quem sabe um dia
sentir-nos todos família.

Nihilrótica

Tarda vez
que se levanta
brutalepidamente tomba
em via púbica.

Oftálmica

Receite-se este estrabismo:
um olho focado no fato
e no outro o infinito à vista.

Pane

Exangue
do sumo licoroso
da paixão
resta nas veias o mangue
onde a embarcação
encalhou.

Parentesco

A fantasia
é um parente
que a esperança finge
não conhecer.

Parquinho poético

O mundo
               gira
               gira
               gira
e não sai do mesmo lugar
O coração
bate
bate
bate
e não deixa de te amar
A vida
               anda
               anda
               anda
e a gente vai juntinho
O coração
sobe
sobe
sobe
pelo sopro de um carinho.

Passarada

O intenso azul celestial
tatuado no dorso em revoo
acende na vista em repouso
um esgar de paraíso
e outro
tenorzinho invisível
num chilreio ouvido adentro
faz convite irrecusável
a um novo devaneio.

Pássaro

Vem
e converte os ouvidos
em minha melhor parte.
Ninguém
embeleza o silêncio
com tanta arte.

Pet

Clarice sente nojo
do rato morto
mas o revive no assombro
da gratidão esbofeteada

Poe empareda
o gato
exceto não pelo rabo
mas seu miado macabro

Borges intui e desenha
fictícios seres
nos labirintos em que passeia
sua divina cegueira

quem dera impossível fosse
dormir com tanta zoeira
e sonhar que um deles viesse
me transformar em seu pet.

Plural

Porque sou muitos
cada um sendo único
contribui
a que jamais falte
o que encontrar
em mim.

Prato do dia

De leve
te dou provas
daquilo que quero dizer
e apuro
ora em fogo ora em gelo
ou nem tanto
acrescido dos temperos
que cultivamos juntos.

Preces 1

Que
nosso
tempo de espera
não venha a fazer do tempo
um monumental atoleiro.

Preces 2

Mete-te
com a tua vida
pela minha adentro
para todo o sempre
amém!

Preces 3

Que
a pressa do mundo
nos conduza depressa
ao profundo
de nós.

Preces 4

Que
a lágrima caia
precisamente
junto à semente do perdão.

Preces 5

Que
o dia
nunca extravie
seu caderno de maravilhas.

Queros

Quero-te
ver-me
com meus olhos futuros
de não verme
querendo-me
ver-nos
com teus olhos
de sempre.

Reencontro

Do singelo espaço
reservado a momentos
assim
transborda mundo afora
a alegria de te ver.

Rega

Mudança sutil
nos teus gestos
em graus de calor e umidade
antecipa o final de tarde
quando o jardim é regado.

Reino

Urubu nem
precisa ser rei
praqui reinar

              e o
            barco
        broca   cobra
orca roca rabo baco boca broa arco
        aro   oca   bar   cor
             ar

                        zarpa
             exportando riqueza
                      substantiva.

Réveillon

Parte do que
passou
se incorpora

a outra
parte
evapora.

Revelação

Poesia é quando
o que menos se nota
revela-se riqueza
de valor sem conta.

Rima

Eu sonho uma rima esquecida
voltando numa cantiga
espantando essa falta de espanto
ruminada em solitude
lançando minhas vistas ao longe
feito bolinhas de gude.

Rito

Passa
o moderno trem
janelas fundidas no risco
que vai desenhando o mundo
sem que nem se repare.
De pé
repasso na gare
entre dedos
o rosário de implicações
da viagem.

S.O.S.

Frases que dividem
mais do que aproximam
podem ferir
mas jamais
curam.

Segredo

O voo
é um momento
dentro do
salto.

Sensitiva

Anoitece e todavia
a passarada não se aninha.

É que ainda em ti
reina o dia.

Sobrevida

Zumbidos me dizem
que a vida anda tonta
anda tola anda
torta
picada por língua apaixonada
e apenas tenta agora
refazer-se da queda
do balcão de Julieta
antes manca que morta
me diz ela
saindo torta tonta tola
pela porta
das urgências cardíacas.

Sou

  Bala
  algures na agulha
res
    balo
na falhatura
    cara
melo
na tua fagulha.

Sumo

Espremem-se pessoas
no caminho
para o trabalho
premem-se por resultados
espremem-se em filas
disso e daquilo
junto a balcões
salas de espera
selfies notícias partículas de
ar rarefeito
pelos lares virtuais
sobrespremendo-se em torno a mesas
pouquíssimo ou nada
expresso de si
o sumo vertendo viscoso
sobre sofás
quartos colchões travesseiros
fechaduras gavetas
relevos ínfimos

no curso silencioso
o tempo não calculado
entre evaporar
e secar.

Surpresa

Quando o
nó do nós
estreitou
e o casulo se rompeu
um voo colorido aconteceu.

***

Antes
a ver navios
que a afundá-los.

Tesouro

Boas ideias
são moedas raras
retiradas da fonte silenciosa
da sabedoria.

Única

Você
em si desnuda
erótica a esmo
querer sem fim
ótica ética do crescer

impulso do estar ao ser
bailarina cósmica
força além do mesmo
vida dentro da vida
você.

Verso

Às vezes lâmina
outras espelho
cada qual a seu modo
corta e reflete.
Unem-se
o aço e o vidro
no comprido dos silêncios
e no eco dos abismos.

Viajante 1

Aqui
nesta viagem
me compraram o bilhete
não a bagagem.

Viajante 2

Quem está
na viagem comigo
vê o vale florido
talvez como Eva
mirasse um vestido.

Visita

Gentileza
tua
aparecer assim
de surpresa
na minha
poesia.

Voto

Se te abismas
desejo
que à tua alma
não faltem asas.

Zen

A diferença
entre o sábio e o mestre
está em que este
se julga mestre.

****

Chega
bem de mansinho
para que possas te surpreender
nos meus sonhos.

Esta obra foi composta em Merriweather 11,5 pt
e impressa em papel Polen Natural 80 g/m²
pela gráfica Meta.